BEI GRIN MACHT SICH IHR WISSEN BEZAHLT

- Wir veröffentlichen Ihre Hausarbeit,
  Bachelor- und Masterarbeit

- Ihr eigenes eBook und Buch -
  weltweit in allen wichtigen Shops

- Verdienen Sie an jedem Verkauf

Jetzt bei www.GRIN.com hochladen
und kostenlos publizieren

Jasmin Lang

Aus der Reihe: e-fellows.net schüler-wissen

e-fellows.net (Hrsg.)

Band 10

Der deutsche Minnesang. Analyse eines Minneliedes

GRIN Verlag

Bibliografische Information der Deutschen Nationalbibliothek:

Die Deutsche Bibliothek verzeichnet diese Publikation in der Deutschen National-
bibliografie; detaillierte bibliografische Daten sind im Internet über http://dnb.d-
nb.de/ abrufbar.

Impressum:

Copyright © 2012 GRIN Verlag GmbH
Druck und Bindung: Books on Demand GmbH, Norderstedt Germany
ISBN: 978-3-656-53782-3

Dieses Buch bei GRIN:

http://www.grin.com/de/e-book/264065/der-deutsche-minnesang-analyse-eines-
minneliedes

GRIN - Your knowledge has value

Der GRIN Verlag publiziert seit 1998 wissenschaftliche Arbeiten von Studenten, Hochschullehrern und anderen Akademikern als eBook und gedrucktes Buch. Die Verlagswebsite www.grin.com ist die ideale Plattform zur Veröffentlichung von Hausarbeiten, Abschlussarbeiten, wissenschaftlichen Aufsätzen, Dissertationen und Fachbüchern.

Besuchen Sie uns im Internet:

http://www.grin.com/

http://www.facebook.com/grincom

http://www.twitter.com/grin_com

Jasmin Lang
Schuljahr 2011/2012

20.06.2012
ev. Seminar Blaubeuren

Der deutsche Minnesang

Analyse eines Minneliedes

GFS Deutsch

Inhaltsverzeichnis

A. Einleitung: Minnesang

1. Definition

In unserer heutigen Zeit kennt man Minnesänger hauptsächlich aus Filmen oder historischen Romanen als Sänger sentimentaler Liebeslieder, die ein Burgfräulein in einem hohen Turm besingen. Doch was war Minnesang wirklich? Diese Frage soll anhand eines Minnelieds von Heinrich von Morungen auf den folgenden Seiten beantwortet werden.

Das Wort *minne* heißt in seiner Grundbedeutung „Gedenken" (Wegera 2011, S. 169), erfährt aber bereits im Althochdeutschen eine Bedeutungserweiterung und kann auch für die karitative Liebe zwischen Gott und Mensch stehen. In der mittelhochdeutschen Epik versteht man unter *minne* sowohl die eheliche Liebe als auch die sexuelle Lust. Die Begriffe *minne* und *liebe* können nur je nach Kontext semantisch differenziert oder synonym verwendet werden. (Vgl. Wegera 2011, S. 169; Räkel 1986, S. 244)

Der Begriff Minnesang bezieht sich auf eine Form höfischer Liebeslyrik, die ungefähr von 1150 bis 1300 an den Höfen des Adels weit verbreitet war. Die Minnelieder wurden, bevor man sie aufschrieb, ausschließlich als solistischer Vortrag öffentlich in Mittelhochdeutsch gesungen. Sie sind Gesellschaftslieder, in denen in einer gattungsmäßig festgelegten Form über Liebe gesungen wird. Formal zeichnen sie sich durch „ausgefeilte Reim- und Verstechniken" (Herchert 2010, S. 9) und eine „hoch entwickelte Bildersprache" (Herchert 2010, S. 9) aus. Spezifisch für den Minnesang ist die Verbindung zum höfischen Lebensstil, der die Darstellung der Figuren, ihrer Handlungen und die Topik der Lieder deutlich beeinflusst. Das Themenfeld des Minnesangs ist Liebe in all ihren Variationen, vom heimlichen Sehnen, über erfülltes Liebesglück, bis hin zur wehmütigen Klage und schroffen Absage. Die Topik des Minnesangs wird oft irrtümlich auf die Topik der Hohen Minne reduziert, bei der es um die unerreichbare Liebe zu einer höher gestellten, verheirateten Frau geht. Da das Ziel, die „sexuelle Liebeserfüllung" (Herchert 2010, S. 9), für den Mann unerreichbar ist, verharrt er in treuer Ergebenheit und bemüht sich weiter um sie. Durch den Verzicht auf sie, zeigt er seine höfische Gesinnung auf besondere Weise. (Vgl. Herchert 2010, S. 9 f.; Koschorreck 1974, S. 65 f.; Räkel 1986, S. 13 f.)

2. Überlieferung

Die drei berühmtesten und umfangreichsten Sammlungen zum Minnesang sind die Kleine Heidelberger Liederhandschrift (A), die Weingartner oder Stuttgarter Liederhandschrift (B) und die Große Heidelberger oder auch Mannesische Liederhandschrift (C). Alle drei Sammlungen wurden um 1300 in Auftrag gegeben und stammen aus dem „südwestlichen alemannischen Raum" (Herchert 2010, S. 15). Sie sind als Lyriksammlungen angelegt, die neben Minnesang auch Sangsprüche, aber keine Melodien enthalten. (Vgl. Herchert 2010, S. 15 ff.; Koschorreck 1974, S. 65; Räkel 1986, S. 13 f.)

Durch die Entstehung vieler verschiedener Liederhandschriften, kam es oft zu Überlieferungsproblemen. Lieder wurden in unterschiedlichen Sammlungen verschiedenen Autoren zugeordnet oder unterschiedlich überliefert. Das hängt damit zusammen, dass die meisten Lieder erst lange nach ihrer Entstehungszeit aufgeschrieben und durch die lange mündliche Überlieferung von verschiedenen Minnesängern vorgetragen und verändert worden sind. In der frühen Minnesangforschung hat man deshalb versucht, einen Archetyp, ein Original, zu rekonstruieren. Heute ist es üblich, dass man eine Leithandschrift wählt und in einem Anmerkungsapparat Abweichungen anderer Texte vermerkt. (Vgl. Herchert 2010, S. 23 ff.; Räkel 1986, S. 13 ff.)

3. Phasen des Minnesangs

Die Einteilung des Minnesangs in Phasen ist problematisch, da es kaum Hinweise auf Datierungen gibt und die Phasen sich zeitlich überlagern. Das folgende Modell in die sechs Phasen des Minnesangs dient daher nur zur groben Einteilung.

Erste Phase: Der Donauländische Minnesang

Der Begriff „Donauländischer Minnesang" fasst die frühen Minnelieder von 1150/60 bis 1170 zusammen. Man vermutet, dass die Dichter aus dem Donaugebiet stammen. Kennzeichnend für die erste Phase sind weitgehende Einstrophigkeit, Langzeilenstrophen und Paarreime. Das Hauptmotiv ist die gegenseitige Liebe, die verheimlicht werden muss.

Zweite Phase: Rheinischer Minnesang

Der Rheinische Minnesang gilt als die erste Hochphase des Minnesangs in der Zeit von 1170 bis 1190/1200. Man vermutet den Stauferhof als Hauptwirkungsort. In dieser Zeit gab es einem starken Einfluss der okzitanischen und französischen Dichtung, der die Übernahme des Konzepts der hohen, unerfüllbaren Minne befördert hat. Dadurch wurden die Minneklage und die Kreuzzugsthematik zu den Hauptthemen der zweiten Phase. Die Lieder sind mehrstrophig mit in der Regel reinen Reimen, die differenzierten Reimschemata gleichen. Friedrich von Hausen gilt als der bedeutendste Dichter dieser Phase.

Dritte Phase

Die dritte Phase des Minnesangs gilt als die zweite Hochphase und wird auf 1190 bis 1210/20 datiert. Die Lieder zeigen eine ausgeprägte Formkunst, sind thematisch vielfältig und haben eine Tendenz zur Reflexion über das Minnekonzept und den Minnesang. Einer der führenden Dichter dieser Phase ist Heinrich von Morungen (s. B. 1. Heinrich von Morungen).

Vierte Phase

Mit der vierten Phase in der Zeit von 1190 bis 1230 erreicht der Minnesang seinen Höhepunkt unter Walther von der Vogelweide. Er hat die Reimkunst und die Minnekonzeption vollendet. Außerdem war er zugleich der Überwinder des höfischen Minnesangs, indem er die Partner in einer Liebesbeziehung gleichstellt und der niederen Minne ein Loblied gesungen hat.

Fünfte Phase: Nachklassische Zeit

Die fünfte Phase, von 1210 bis 1240, gilt als die erste Spätphase oder nachklassische Epoche des Minnesangs. Da Walter von der Vogelweide die hohe Minne vollendet hatte, beschränkten sich die Dichter dieser Phase darauf, Vorhandenes aus der hohen Minne immer wieder neu zusammenzustellen, sie aber nicht weiterzuentwickeln. Dadurch wich das Konzept der hohen Minne langsam der Hinwendung zum Realismus und der bäuerlichen Welt. Der einzige bedeutende Dichter dieser Phase war Neidhart.

Sechste Phase

Die sechste Phase ist die zweite Spätphase des Minnesangs und geht von 1210 bis 1300. Zu dieser Phase zählen die Dichter des Schweizer, Schwäbischen und Bairisch-Österreichischen Minnesangs. Sie zeigen eine so große formale und thematische Vielfalt, dass man kaum allgemeine Aussagen treffen kann. (Vgl. Herchert 2010, S. 51 ff.; Räkel 1986, S. 21 ff., 40 ff., 171, 208 f.)

B. Hauptteil: *Diu vil guote*

1. Heinrich von Morungen

Heinrich von Morungen ist Lindner (1968, S. 36) zufolge um 1150 geboren. Er erscheint in zwei Urkunden des Markgrafen Dietrich von Meißen unter dem lateinischen Namen „Hen(d)ricus de Morungen" (Räkel 1986, S. 119; Herchert 2010, S. 66). In der ersten Urkunde von dem Jahr 1217 wird bezeugt, dass Heinrich von Morungen dem Thomaskloster „seine jährlichen Zinsen aus der Münze zu Leipzig" (Herchert 2010, S. 66) überträgt. In der zweiten von 1218 wird er als Zeuge aufgeführt. Über sein Leben ist außer in diesen Urkunden nichts überliefert. Heinrich von Morungen stammt von der Burg Morungen bei Sangershausen, nach der er benannt ist. Seine Familie gehörte wahrscheinlich zu den „Ministerialen" (Koschorreck 1974, S. 78; Lindner 1968, S. 36). Es wird vermutet, dass Heinrich von Morungen im Jahr „1222 im Thomaskloster zu Leipzig" (Koschorreck 1974, S. 78; vgl. Räkel 1986, S. 119; Lindner 1968, S. 36) gestorben ist. In Abbildung 1 (s. Abbildungsverzeichnis) ist Heinrich von Morungen dargestellt, wie er seine Dame im Traum erblickt. Das Motiv ist einem seiner Minnelieder entnommen, in dem er die Vollkommenheit und Vergänglichkeit des Traumbildes schildert. (Vgl. Räkel 1986, S. 119; Herchert 2010, S. 66; Lindner 1968, S. 36; Koschorreck 1974, S. 78 f.)

Heinrich von Morungen war ein „gebildeter Dichter" (Räkel 1986, S. 119). Er besaß „französische [...] Sprachkenntnisse" (Räkel 1986, S. 119) und wurde so auch durch die französischen Dichter beeinflusst. Mit Reinmar und Hartmann von der Aue gehört Heinrich von Morungen in die zweite Hochphase des Minnesangs (vgl. Herchert 2010, S. 66). Er dichtete im Stil des hohen Minnesangs, in dem Minne dem Dienst an einer hochstehenden Dame, ohne jegliche Belohnung dafür, entspricht (vgl. Koschorreck

6

1974, S. 78). In seinen Liedern finden sich oft Ausschnitte aus der „antiken Mythologie" (Herchert 2010, S. 66), eine „ausgeprägte Lichtmetaphorik" (Herchert 2010, S. 66) und „Anklänge an die geistige Lyrik" (Herchert 2010, S. 66). Uns sind heute noch „115 Strophen, [...] 104 davon in der Heidelberger Liederhandschrift C" (Herchert 2010, S. 65) überliefert.

Von dem nachfolgende Gedicht *Diu vil guote* von Heinrich von Morungen findet man die ersten drei Strophen in der Reihenfolge 1; 3; 2 in der Großen Heidelberger Liederhandschrift (C), die Strophen 1-3 und 5 in der Kleinen Heidelberger Liederhandschrift (A). Die vierte Strophe ist nur in der Sammelhandschrift der Burgerbibliothek Bern überliefert. (Vgl. Peirhofer 2009, S. 4)

2. *Diu vil guote*

a. Text (vgl. Räkel 1986, S. 124 f.)

I.   Diu vil guote,

       daz si saelic müeze sîn!

3   Wê der huote,

       diu der welte sô liehten schîn

       an ir hât benomen, daz man si niht wan selten sêt,

6   sô diu sunne, diu des âbendes under gêt.

II.   Ich muoz sorgen,

       wen diu lange naht zergê

3   gegen dem morgen,

       daz ichs' einest an gesê,

       mîn vil liebe sunnen, diu mir sô wunnenclîchen taget,

6   daz mîn ouge ein trüebez wolken wol verklaget.

III.   Swer der vrouwen

       hüetet, dem künde ich den ban;

3   wan durch schouwen

sô geschuof si got dem man,

daz sie waer ein spiegel, al der werlde ein wunne gar.

6   Waz solt golt begraben, des nieman wirt gewar?

VI.   Wê der huote,

die man reinen wîben tuot!

3   Huote guote

frouwen machet wankelmuot.

Man soll vrouwen schouwen unde lâzen âne twanc.

6   Ich sach, daz ein sieche verboten wazzer tranc.

V.   Ascholoie

diu vil guote heizet wol.

3   Er'st von Troie

Paris, der si minnen sol.

Obe er kiesen solde under den schoenesten, die nu leben,

6   sô wurde ir der apfel, waer er unvergeben.

b. Übersetzung (Räkel 1986, S. 125 f.)

I.   Die Allerbeste,

sie möge glücklich sein!

3   Weh der Wache,

die der Welt ein so helles Licht

wie sie vorenthält, so daß man sie nur selten sieht,

6   wie die Sonne, die abends untergeht.

II.   Meine Sorge ist es,

wenn die lange Nacht vergeht,

3   gegen Morgen,

daß ich sie auch nur einmal erblicke,

mein allerliebste Sonne, die mir so freundenvoll tagt,

6   daß mein Auge jede dunkle Wolke verflucht.

III.   Wer Damen

bewachen läßt, den verfluche ich,

3   denn zum Anschauen

hat Gott sie dem Manne geschaffen,

daß sie ein Spiegel, für alle Welt eine Freude wäre.

6   Was soll vergrabenes Gold, das keiner bemerkt?

VI.   Fluch über die Bewachung,

die man untadeligen Frauen setzt.

3   Bewachung macht auch

treue Frauen wankelmütig.

Man soll Damen anschauen lassen und sie nicht einsperren.

6   Ich habe gesehen, wie ein Kranker verbotenes Wasser trank.

V.   Ascholoie

heißt die Allerbeste wohl.

3   Es ist von Troia

Paris, der sie liebt.

Wenn er wählen würde unter den Schönsten, die heute leben,

6   so bekäme sie den Apfel – wäre er nicht schon vergeben.

3. Aussprache des Mittelhochdeutsche

Da das Mittelhochdeutsche hauptsächlich schriftlich überliefert ist, ist es schwierig die korrekte Aussprache zu rekonstruieren. Es gibt allerdings „eine Reihe von zum Teil sprachhistorisch gut begründbaren Aussprachekonventionen" (Wegera 2011, S. 21), die beim Lesen und Verstehen der Texte helfen. Diese werden im Folgenden anhand der ersten beiden Strophen des Minnelieds *Diu vil guote* erklärt.

Der auffälligste Unterschied zwischen dem Mittelhochdeutschen und dem Neuhochdeutschen ist, dass auf Vokalen häufig ein Zirkumflex steht. Dadurch wird der Vokal gedehnt, wie bei *sîn* in Strophe I, Vers 2.

Ebenfalls sehr häufig begegnet uns der weibliche Artikel *diu* (I. 1, 4, 6; II. 2, 5). ‹iu› wird wie ein (langes) /ü:/ ausgesprochen. Im Neuhochdeutschen findet man es zum Beispiel in „Hüte" (Räkel 1986, S. 17). /ä:/ wird durch ‹ae› oder ‹æ› wiedergegeben (*saelic* (I. 2)), /ö:/ durch ‹œ›.

Bei den Diphthongen ‹ie›, ‹ou›, ‹uo› und ‹üe› werden beide Laute artikuliert: /ie/ (kein Dehnungszeichen!), /ou/, /uo/ und /üe/. Beispiele dafür sind *liehten* (I. 4), *ouge* (II. 6), *goute* (I. 1) und *müeze* (I. 2). Die Betonung liegt jeweils auf dem ersten Laut. Bei ‹ei› werden ebenfalls beide Laute artikuliert. Sie werden jedoch nicht wie die zuvor genannten Diphthonge wie die Schriftzeichen ausgesprochen. ‹ei› wird wie im Englischen „late" (Räkel 1986, S. 17) oder „may" (Wegera 2011, S. 21) als /ay/ ausgesprochen. Im Text haben wir hierfür das Beispiel *einest* (II. 4).

‹c› und ‹k› stehen beide für /k/. ‹ch› und ‹kch› werden nicht als /x/, sondern als /kx/ ausgesprochen. Ein Beispiel dafür ist *wunnenclichen* (II. 5). /x/ wird durch ‹h› am Wortende und vor Konsonanten wiedergegeben (*niht* (I. 4)). Im Mittelhochdeutschen steht ‹h› niemals als Dehnungszeichen.

‹z› wird nach Vokalen als /s/ ausgesprochen. Ein Beispiel dafür ist *daz* (I. 2). Nach Konsonanten und als Anlaut steht ‹z› für /ts/, wie bei *zergê* (II. 2). ‹u› und ‹v› können sowohl für /f/ als auch für /u/ stehen.

Schwach betonte Pronomen, Präpositionen, Partikel und ein unbetontes auslautendes –e kann verschliffen, unterdrückt oder kontrahiert werden (Elision). Aber auch ein anlautender Vokal kann weggelassen werden. Im Text *Diu vil guote* sind diese Vokale kursiv dargestellt, in den meisten Textausgaben ist unter dem unterdrückten Vokal allerdings ein Punkt. Ein Beispiel dafür ist *âbendes* (I. 6). (Vgl. Räkel 1986, S. 17, S. 60; Wegera 2011, S. 21 ff., S. 171)

4. Formale Analyse

a. Metrik und Melodik

Die mittelhochdeutsche Lyrik wurde ursprünglich „als Sologesang vorgetragen" (Räkel 1986, S. 58). Es gibt keine genauen Informationen über die metrischen Strukturen und die Melodien der Minnelieder, weil kaum Noten überliefert sind. Manche Lieder, die nach französischen Vorbildern gedichtet wurden, können mithilfe „französischer Überlieferungen" (Räkel 1986, S. 58) rekonstruiert werden. Sicher ist, dass die Strophenmelodie meist zu jeder Strophe wiederholt wurde, und, dass die Metrik der Melodik angepasst war. Außerdem ist die Versdichtung nahezu ausschließlich metrisch gebunden und gereimt (vgl. Wegera 2011, S. 171).

Das auffälligste Strukturelement der Minnelieder ist der Reim. Um ein Reimschema für *Diu vil guote* aufzustellen, schreibt man die Reimwörter jeder Strophe untereinander auf:

I.	II.	III.	IV.	V.		Reimschema
guote	sorgen	vrouwen	huote	-loie		a
sîn	zergê	ban	tuot	wol		b
huote	morgen	schouwen	guote	Troie	3	a
schîn	gesê	man	-muot	sol		b
sêt	taget	gar	twanc	leben		c
gêt	-klaget	gewar	tranc	-geben	6	c

Wenn man von einigen Assonanzen absieht, zieht sich ein einheitliches Reimschema aus einem Kreuzreim und einem Paarreim durch das gesamte Minnelied. Um das Schema noch zu erweitern, kann man für weibliche Kadenzen ein Apostroph (') und für einen Auftakt einen Punkt (.) hinzufügen. Außerdem empfiehlt es sich die Anzahl der Hebungen anzugeben (Zahl). Dadurch entsteht folgendes Schema:

$$2\text{ a'}\quad 4\text{ b}\quad 2\text{ a'}\quad 4\text{ b}\quad 7\text{ c}\quad 6\text{ c}$$

In Strophe II. und V., Vers 5 und 6, ist zu beachten, dass die Kadenz wegen der kurzen Stammsilbe nur scheinbar zweisilbig ist. Metrisch gesehen, haben sie nur den Wert einer Silbe. Solche Silben nennt man „gespaltene Reimsilben" (Räkel 1986, S. 59). (Vgl. Räkel 1986, S. 58-60)

b. Kanzonenform

Die Kanzonenform ist ein konventioneller „Formtyp" (Räkel 1986, S. 74), der aus zwei Teilen besteht. Der erste Teil (Aufgesang) zerfällt in zwei gleich gebaute Abschnitte (Stollen). Der zweite Teil (Abgesang) ist in der Reimgestaltung frei und entsprechend variiert. Ist eine Melodie vorhanden, wird die des ersten Stollens zum Text des zweiten wiederholt. Man spricht aber auch von einer Kanzone, wenn lediglich die Kanzonenform vorliegt. Auch das Minnelied *Diu vil guote* ist in der Kanzonenform aufgebaut:

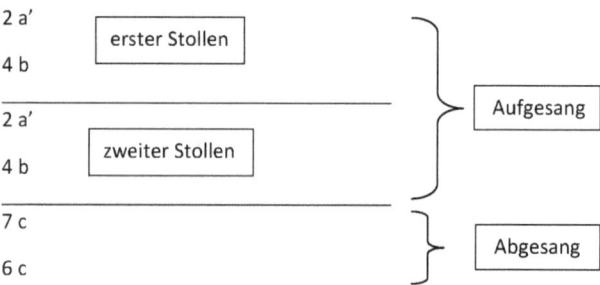

(Vgl. Räkel 1986, S. 74 f.; Wegera 2011, S. 173; Herchert 2010, S. 14)

5. Interpretationsansätze

a. Lichtmetaphorik

Heinrich von Morungen verwendet in vielen seiner Lieder häufig eine sehr ausgeprägte Lichtmetaphorik. *Diu vil guote* ist ein gutes Beispiel dafür. In der ersten Strophe vergleicht er „Die Allerbeste" (I. 1) mit „helle[m] Licht" (I. 4) und der „Sonne" (I. 6). Das „helle[...] Licht" (I. 4) steht für die Reinheit, die Ausstrahlung, die Freude und das Glück der Frau (vgl. Herchert 2010, S. 106). Der Vergleich mit der „Sonne" (I. 6) lässt sie unerreichbar weit über ihm stehen. In der dritten Strophe vergleicht Heinrich von Morungen sie außerdem mit „Gold" (III. 6), welches auch ein Symbol für die Sonne ist.

Die erste und die zweite Strophe beschreiben, wie die „Sonne" (I. 6), die Frau, „untergeht" (I. 6) und wieder aufgeht. Dasselbe Motiv findet man auch bei Tageliedern, wenn sich ein Liebespaar nachts heimlich trifft und sich beim Anbruch des Morgens wieder trennen muss. Dieses Gedicht ist allerdings das genaue Gegenstück dazu. Der Mann muss die ganze Nacht voller „Sorge" (II. 1) auf den „Morgen" (II. 3) warten, weil er erst dann wieder die Gelegenheit hat seine Geliebte zu sehen. Der Sonnenaufgang wird also vom gefürchteten Moment der Trennung aus dem Tagelied zum herbeigesehnten Moment der Wiedervereinigung. *Owê – Sol aber mir iemer mê* ist das einzige Tagelied, das Heinrich von Morungen verfasst hat.

b. Bewachung

Die *huote*, die Bewachung der Frau, ist in den meisten Minneliedern die Instanz, die sorgsam über die Frau wacht, damit der Mann sie nicht allein treffen kann. Durch dieses äußerliche Liebeshindernis wird das Begehren des Mannes noch gesteigert, weil er die Hoffnung hegt, dass ohne die *huote* ein erfülltes Zusammensein mit seiner Geliebten möglich sei. (Vgl. Herchert 2010, S. 11).

In dem Lied *Diu vil guote* spielt die huote in den ersten vier Strophen eine sehr wichtige Rolle. Sie verbirgt die Frau nicht nur vor dem Mann, sondern vor der ganzen „Welt" (I. 4; III. 5). In der Lichtmetaphorik tritt sie als „abend[...]" (I. 6), „lange Nacht" (II. 2) und „dunkle Wolke" (II. 6) in Erscheinung. Die *huote* bewacht und verbirgt also nicht nur die Frau in der Realität, sondern auch die „Sonne" (I. 6; II. 5) in der Metapher - und das zu jeder Tageszeit.

In den Strophen zwei bis vier wird die *huote* dreimal verflucht. In der zweiten wird sie verflucht, weil der Mann seine Geliebte wegen ihr nicht sehen kann. In der dritten wird der Grund für die Verfluchung verallgemeinert. Hier ist es nicht mehr nur der Mann, dem der Anblick der Frau vorenthalten wird, sondern die ganze „Welt" (III. 5). Außerdem wird die *huote* in dieser Strophe angeklagt wider Gottes Gebote zu handeln, weil „Gott" (III. 4) die Frau dem Manne „zum Anschauen" (III. 2) geschaffen hat. In der vierten Strophe wird die *huote* nochmals verflucht, weil ihre strenge Bewachung „treue Frauen wankelmütig" (IV. 4) macht. Werden die Frauen zu sehr eingeschränkt, versuchen sie sich über die Schranken hinweg zu setzten und sind dadurch nicht mehr „untadelig" (IV. 2), was durchaus oft passiert ist („Ich habe gesehen" (IV. 6)).

Diu vil guote ist das einzige Minnelied, in dem sich Heinrich von Morungen so stark gegen die *huote* ausspricht.

c. Antike Mythologie

Von großer Bedeutung ist die Anspielung auf die antike Mythologie in der fünften Strophe. Hier wird die Frau, die zuvor mit der „Sonne" (I. 6; II. 5) verglichen worden ist und dadurch unerreichbar war, noch höher gestellt.

Am Anfang der fünften Strophe wird der Name der Frau genannt. Sie heißt „Ascholoie" (V. 1). Man vermutet, dass hier ein Missverständnis vorliegt und eigentlich Helena, ihre Tante, aus der Sage des trojanischen Krieges gemeint war. Durch diese Verbesserung ergeben auch die folgenden Verse, „Es ist von Troia Paris, der sie liebt" (V. 3 f.) Sinn, denn der Sage nach haben sich Paris und Helena, die eigentlich verheiratet war, verliebt und dadurch den trojanischen Krieg verursacht. Dieses Motiv der verbotenen Liebe zu einer verheirateten Frau gleicht sehr den Motiven der hohen Minne und ist dadurch bestens geeignet, um in ein Minnelied eingebaut zu werden.

In den letzten beiden Versen der fünften Strophe wird auf *das Urteil des Paris* angespielt. In dieser Sage soll Paris wählen, welche der drei Göttinnen Hera, Athene und Aphrodite schöner ist. Er entscheidet sich für Aphrodite. Diese bekommt als Symbol dafür, dass sie die schönste Göttin ist, einen goldenen Apfel. Würde Paris „unter den Schönsten, die heute leben" (V. 5) die Schönste wählen, „so bekäme sie Apfel, wäre er nicht schon vergeben" (V. 6). Mit diesen letzten Versen vergleicht er die Frau nicht nur mit Helena, der schönsten Frau der Antike, sondern mit den drei schönsten Göttinnen. Der Höhepunkt im letzten Vers „so bekäme sie den Apfel" (V. 6), zeigt, dass sie in seinen Augen die aller schönste Frau der Welt ist und nicht einmal eine Göttin sie an Schönheit übertreffen könnte. Dennoch ist und bleibt es nur Fiktion, dass sie den Apfel bekommt, da er „schon vergeben" (V. 6) ist. Hier macht das Lied wieder eine Wende zur realen Welt.

C. Schluss

Zusammenfassend kann man sagen, dass wir den Minnesang wohl nie ganz verstehen werden. Wir können zwar versuchen Mittelhochdeutsch zu lernen und uns in das höfische Leben hineindenken, aber dennoch fehlt die Realität des Ganzen. Man hat keine Melodien zu den meisten Liedern, und wenn man welche hätte, wäre die richtige Art und Weise sie zu singen immer noch umstritten. Was man allerdings sagen kann, ist, dass Minnelieder keineswegs nur sentimentaler Liebeslieder ohne tieferen Sinn und besondere Form sind. Sie haben ein ausgeprägtes Reimschema und auch Motive wie die Kreuzzüge. Man sollte den Minnesang also auf keinen Fall auf etwas reduzieren, das nur im Ansatz zutrifft.

Mir selbst hat die Arbeit mit den Minneliedern sehr gefallen. Man merkt deutlich, dass sie zum Beispiel in formalen Dingen auf ihre antiken Vorgänger (Ovid), zurückgreifen. Ich finde es äußert schade, dass man die originale Vortragsweise nicht rekonstruieren kann, aber wie alles aus vergangenen Zeiten braucht auch der Minnesang seine Geheimnisse um interessant zu bleiben.

D. Anhang

1. Abbildungsverzeichnis

Abb. 1: Heinrich von Morungen auf dem Ruhebett

Schulz, Hardy: Buchmalerei. Heinrich von Morungen auf dem Ruhebett. In: kunstkopie.de

[http://www.kunstkopie.de/kunst/buchmalerei_buchmalerei/heinrich_von_morungen .jpg; 11.06.2012]

2. Literaturverzeichnis

Herchert, Gaby (2010): Einführung in den Minnesang. Darmstadt: WGB.

Koschorreck, Walter (Hrsg.) (1974): Minnesinger. In Bildern der Manessischen Lieder-handschrift. Frankfurt am Main: Insel Verlag.

Lindner, Irmgard (1968): Minnelyrik des Mittelalters. Interpretationen. München: Oldenbourg Verlag GmbH, 2. Auflage.

Peirhofer, Elisabeth (2009): Heinrich von Morungen. Lied XVIII. diu vil guote. In: Haus-arbeiten.de

[http://www.hausarbeiten.de/faecher/vorschau/138533.html; 16.06.2012]

Räkel, Hans-Herbert S. (1986): Der deutsche Minnesang. Eine Einführung mit Texten und Materialien. München: Beck.

Wegera, Klaus-Peter; Schultz-Balluff, Simone; Bartsch, Nina (2011): Mittelhochdeutsch als fremde Sprache. Eine Einführung für das Studium der germanistischen Mediävistik. Berlin: Erich Schmidt Verlag.